류일화 시집

한 송이 꽃잎이었다

류일화 시집

한송이 꽃잎이 열다

순수

◆ 시인의 말

하늘을 바라본다
온통 꽃으로 가득하다
들판을 걸을 때도
골목길을 걸을 때도
그리움을 걸을 때도
꽃향기에 걸려 넘어진다

마음을 풀어 놓으면
강아지풀처럼 쉼 없이 흔들린다
달개비꽃 한 묶음
화병에 꽂으니
그리움도 쪽빛 덧댄 色이 된다

한 송이 꽃잎이라 부르는 이름
보랏빛 아이리스
붓꽃
제비꽃
벌개미취
수수꽃다리
色色의 꽃송이가 내 삶을 담은 꽃바구니였다

2022. 가을날 모무공방에서
류일화

차례

시인의 말 · 11
해설/정연수 · 128

1부 한 송이 꽃잎이었다

감자꽃 · 21
달맞이꽃 · 22
동백꽃 · 23
마타리꽃 · 24
말꽃 · 25
비비추꽃 · 26
살구꽃 · 27
숨쉬는 꽃 · 28
싸리꽃 · 29
윤슬 꽃 · 30
진달래꽃 · 31
쪽빛 달개비꽃 · 32
찔레꽃 · 33
파도꽃 · 34
한 송이 꽃잎이었다 · 35

2부 발걸음이 소풍을 가는 꽃길이다

개나리 • 39
개쑥부쟁이 • 40
개화 • 41
꽃섬 • 42
꽃이 되는 말 • 43
꽃잎 같은 후회 • 44
꽃차 • 45
맨드라미 • 46
민들레 • 47
발걸음이 소풍을 가는 꽃길이다 • 48
배꽃 필 때쯤 봄비가 내리면 좋겠다 • 49
수선화 오실 때 • 50
신록이 꽃보다 예쁘다 • 51
인연은 한 겹씩 피어나는 꽃송이 • 52

3부 둥근잎유홍초

그리움을 피운 능소화 · 55
꽃잎 위에 청춘을 올려 놓는다 · 56
둥근잎유홍초 · 57
보라 · 58
사람이 꽃보다 향기롭다 · 59
사랑 · 60
화석이 되어 버린 꽃 입술 · 61
색동 그림 · 62
색 · 64
窓 · 1 · 65
窓 · 2 · 66
窓 · 3 · 67
窓 · 4 · 68
窓 · 5 · 69
窓 · 6 · 70

4부 갓 피어난 꽃잎의 체온은 따뜻하다

감나무 · 73
가을이 되면 · 74
갓 피어난 꽃잎의 체온은 따뜻하다 · 76
겨울 햇살 · 77
나목 · 78
내 안의 봄 · 79
님 · 80
빗방울 · 81
사랑의 사계 · 82
새싹 · 83
어린 봄 · 84
연두색에 노란색 섞인 · 85
오월 · 86
찬바람 불면 · 87
칠월 · 88

5부 　진주빛 언어

곡선의 말 · 91
나의 궁궐 · 92
독도의 걸음마 · 93
바다는 · 94
보고 싶다 · 95
보름달 · 96
섬 속에 섬 · 97
소금 · 98
언어의 윤회 · 99
웃음소리 · 100
이슬 · 101
육림호의 반영 · 102
종소리 · 104
진주빛 언어 · 105
추억을 꺼내 놓고 · 106
홍시 · 107
화려해서 슬픈 꽃 · 108

6부 오선지 위에서

그대 이름 • 111
그리움의 달 • 112
날지 않는 새 • 113
님 마중 • 114
모래무지 • 116
바람의 멜로디 • 117
사랑 지우기 • 118
사랑은 사랑은 • 119
사랑은 가슴앓이 • 120
사랑의 계절 • 122
사랑의 술 • 123
오선지 위에서 • 124
초사흘 밤 • 125
하얀 눈물꽃 • 126
화인火印 • 127

1부

한 송이 꽃잎이었다

감자꽃

연보라색 바람이 앉았다
포기마다 들어 있는 비밀덩이
둥글둥글 여름을 키운다

밭고랑 따라 들어가면
촉촉한 흙 속에서
올망졸망 꿈틀거리는 기다림

서로 마주 보는 감자꽃 사이로
무당벌레가 훌훌 날아다니면
엄마 얼굴에 보라색 꽃이 피었다

감자밭이 꽃그림 그리는 날
이리저리 나눠 주실
엄마의 행복이 감자보다 더 맛있다

달맞이꽃

빛
벗은
알몸
하현달
고스란히
꽃잎 속으로
들어가는 걸
나는 보았어라

오늘밤 노랗게 흔들리는 신음呻吟

동백꽃

당신을 쳐다볼 때마다
붉어지는 병에 걸렸다
밤새 뒤척이다가
뛰어내린 절벽

새벽을 밀고 온 바람
뜨거운 손을 내민다
줄줄이 매달린
그리움이 살랑인다

하늘벽에 못을 박아
뚝 뚝 뚝 떨어지는
붉은 사랑을 차례차례 걸어본다

마타리꽃

분홍 징검다리 건너서
같은 시간
늘 그곳에서
너를 기다리고 있어
손을 잡고
들판을 걷다가
소나기 피하러 들어온 곳
하늘빛 새어들어온
수수단 속으로 바라본
설레는 시간에
노란 마타리꽃이 흔들려도
우리는 모르는 거야
그냥 모른 체하는 거야

말꽃

사람들의 입에서
불긋불긋 향기가 난다
꽃잎이 들어가
그림처럼 살고 있기 때문이다
꽃 같은 말을 할 때마다
아름다운 말꽃이
색으로 피어서
입술에 앉아 있기 때문이다

사람들의 손짓에서
푸릇푸릇 향기가 난다
새싹이 들어가
나무처럼 살고 있기 때문이다
잎새 같은 말을 할 때마다
싱싱한 말꽃이
잎으로 돋아서
손등에 앉아 있기 때문이다

비비추꽃

기억의 무늬
향기로 갖고 있어
바람결에 조용히 흘려 보내는
보랏빛 전생

계절을 밟아 오며
풀빛 짙어지는 봄날에
윤회를 풀어 내는 꽃

원효사 돌담 아래
비비추꽃 가득할 때
맑은 경전을 읽어 내는 물 소리

합장 후 풍경 소리 길게 뽑아
또다시 억겁의 인연 뜨개질하여
인생의 옷을 걸친다

살구꽃

살구나무 아래서
하늘을 본다
구름 안고 흐르는 강물
피어나는 애틋한 살빛
바람에 흔들리는 웃음은
첫 꽃잎을 피우던 사랑
아름다워 두 눈을 감고
추억의 꽃잎을 띄운다

보름달 아래서
약속을 한 듯 만나
달빛에 흔들리는 목소리
살구꽃을 핑계로 말을 걸었다

많이 좋아한다
봄바람에 춤추는 저 살구꽃도

숨쉬는 꽃

민들레는
홀로 피지 않는다

외로운 사람들이
숨쉬는 꽃을
가슴에 달기 시작했다
바람 소리에 꽃잎을 세우며
희망의 몸을
날개처럼 퍼덕이며 피어 있다

외로운 사람들이
숨쉬는 꽃을
꽃밭에 심기 시작했다
햇살에 피어난 꽃잎을 만지며
향기 나는 편지를 읽고
온종일 내리는 꽃비를 맞고 있다

민들레는
홀로 피지 않는다

싸리꽃

바람 지나간 자리마다
스르륵 스르륵 그리움이 열리듯
싸리꽃이 피고 있다

이른 새벽
자줏빛 향기 꽃눈 열면
손 흔드는 가지마다 돋는 어린 추억

뽀얀 먼지를 내는 흙 마당
쓱쓱쓱 그려지는 빗살 무늬 위에
지워지는 기억의 발자국

대추나무 흔드는 바람
흑백 돌담을 돌고 돌아
꽃 부스러기를 흙으로 떨어뜨린다

꽃 그림자 가득한 밤
달빛 쌓인 꽃잎이 먼저 노랗게 진다

윤슬 꽃

하얀 속살 미루나무
머위잎 언덕을 돌아서
쌉싸름한 새벽은
빛 푸른 걸음소리를 내며
추억으로 흘러가고 있다

미끄럼 타듯이
높은 곳에서 낮은 곳으로
남한강이 되고
북한강이 되어
두물머리에서 이름을 바꿔
한강으로 흘러가고 있다

반짝거리는 마음 띄우면
강물 위에서
찰랑거리는 청춘
눈부신 향기로
가득하게 피어있는 윤슬 꽃
아침으로 흘러가고 있다

진달래꽃

웃음 핀 얼굴
꽃이 되는 그대가 봄
진달래꽃 가득한 날
꽃잎 같은 추억이 봄 가지에 걸린다

좁다란 산길로 걸으면
양지쪽으로 통통하게 휘어진 꽃망울
진달래꽃을 안고 집으로 향하면
사월이 아름아름 뒤따라온다

추억이 아름다운 사람은
진달래꽃 피어나듯 풍경이 되고
누군가에게 기억되는 사람은
한 송이 꽃으로 피어난다

쪽빛 달개비꽃

소리 없는 쪽빛
강물이 넘실거린다

살며시 다가가면
노란 떨림

열두 번
내 맘을 흔들어 놓는다

끌어안고
휘청거리게 고백한다

네가 좋다
환장하게

찔레꽃

하늘빛 내려앉은 봄길
걷다가 잠시 꽃밭에 앉았습니다
그리움은 아직도 통화 중
사랑이 식을 때까지 고백할 수 없습니다

찔레꽃 가득한 이곳에
그리움을 잔뜩 풀어 놓고 나왔습니다
사랑한다는 말이 피기 전에
하얗게 찔린 가슴이 파르르 흔들립니다

파도꽃

날마다 출렁거렸다
가슴까지 차오르는 바다
고래 한 마리 키우며 살고 있었다

갯바위 푸른 세월
수없이 부서지는 하얀 메밀
사계절 지지 않는
향기도 없는 파도꽃을 피웠다

까치놀에 춤을 추어도
화려한 아픔은
꽃잎도 없는 파도꽃을 피웠다

날마다 출렁거렸다
가슴까지 차오르는 바다
고래가 나를 키우며 살고 있었다

한 송이 꽃잎이었다

꽃잎보다
더 선명한 아픔 위에
꽃잎보다
더 붉은 사랑 피었다

계절로 흐르는 꽃잎
시들지 않는 길을 묻고
기다림에 부풀어오른
봄꽃 같은 인연에 눈 멀었다

살아가면서
가장 윤기 나는 시간들
얼굴을 닮은 향기
꽃잎 아닌 적 없었다

흔들릴 때마다
꽃빛은 짙어지고
이름을 부르면 피어나는 색色
한 송이 꽃잎이었다

2부

발걸음이 소풍을 가는 꽃길이다

개나리

소복한 겨울을 걷어 내고
봄의 체온으로 감싸안은
첫 미소

돌담 틈새마다
노란 바람이 들락날락
새봄잡기 놀이를 한다

통통한 햇살 아래
까르르 웃는 아이들의 얼굴
미끄러지듯 카톡으로 전송된다

시간 속에 저장된 풍경들
손가락으로 톡톡톡 누르면
나비보다 눈빛이 먼저 앉아 버린다

개쑥부쟁이

지느러미를 타는 까치놀
물살에 이는 그리움의 꼬리가
헤엄치듯 다가온다

8월이 올 때까지
갯바위에 깔린 기다림
한 송이가 또 한 송이를 피운다

갈매기 울음소리에
하얗게 무늬 진 파도 자락
보라색으로 돌아가는 꽃바람개비

거센 외로움에
바람 안은 개쑥부쟁이
쪽빛 안은 개쑥부쟁이

바다를 홀린 향기는
꽃 비늘을 벗어
아침햇살 위에 올려놓는다

개화

사람들의

미소가 보고 싶은 날

꽃들은

오색의 눈을 뜬다

꽃섬

봄 길을 따라 나선
다채로운 언어의 디자이너
꽃들의 이야기에 옷을 입힌다

연두색 첫발을 디딘
앞산의 걸음마가 품으로 들어올 때
산벚꽃이 목화처럼 수를 놓는다

소소리바람의 합창
허공에서 춤을 추는 꽃잎들
이제는 땅으로 내려와 숨을 고른다

축제를 마친 꽃 같은 시간
먼 바다로 흘러 흘러가서
꽃섬이 된다 봄 돌아와 쌓인

꽃이 되는 말

목련 꽃잎 타고 온 바람의 날개
생강나무 꽃에 핀 노란 봄볕
꽃송이 문 여는 시간에
모두 따라 들어가
꽃잎을 흔들어
꽃이 되는 말
봄날이야

봄날이야
꽃이 되는 말
꽃잎을 흔들어
가슴으로 문지르면
말끝 향기로운 꽃입술
연달아 꽃 이름 불러주는
겹겹이 숨겨두었던 천 년 시간

꽃잎 같은 후회

발걸음 소리
날마다 여행을 떠난다
추억은 달빛처럼 숙성되고
싱싱했던 나의 시간들을 불러들이면
늘 지나가던 꽃잎 같은 후회
나를 걷게 하는 근육이 된다

줄줄이 늘어선 나무들 사이에서
이파리로 박힌 내 생각들을 솎아 내고
지난날의 기억을 집어 내어
먼 시선으로 던져 버린다
늘 반복되는 꽃잎 같은 후회
선택을 기다리고 있는 착한 순간들

옹기종기 앉아
노랑 병아리처럼 삐악거린다

꽃차

갓 우려낸
꽃물 위에
천 개의 쉼표가 동그랗게 떠다닙니다

꽃 등에
살짝 앉아
고운 인연에 시나브로 녹아듭니다

꽃잎 한 잔
심장에 닿으면
그리움을 피운 한 송이 꽃이 됩니다

맨드라미

꼭꼭 숨겨온
그리움이 익으면
붉은 눈물을 흘리나 보다

장독대 고추장 항아리를 따라
남겨 둔 발자국이
희끗희끗 햇볕에 바랬다

그늘에 숨겨진
먼 먼 추억들이
가물가물 세월에 바랬다

오늘이 보름이다
달빛 넘치는

민들레

웃음의 무게가
깃털처럼 가벼워
사월의 창공을
솜털처럼 날다가`
민들레가 되었습니다

어린 민들레는
영혼을 흔드는
봄바람 손짓에
자존심도 없이 벌써부터
민들민들 웃고 있습니다

길 옆에 핀
개나리꽃에 번진
웃음이 샛노랗습니다

발걸음이 소풍을 가는 꽃길이다

햇살 핀
하늘밭 구름은
첫사랑 따라가듯 꽃걸음을 걷는다

푸른 가지에 숨은
말할 수 없는 비밀
단맛 나는 한 줄기 바람에 꽃잎을 연다

우리 모두가 걷던 무성한 갈래길
오늘은
발걸음이 소풍을 가는 꽃길이다

여든 살
소나무는
스무 살 구름꽃을 향해 목이 길어졌다

배꽃 필 때쯤 봄비가 내리면 좋겠다

폭신한 논두렁
좁은 그리움을 걸으면
앞산 가득 부어놓은 분홍색
배꽃 필 때쯤 봄비가 내리면 좋겠다

산비둘기 울음소리
통통해 진 꽃봉오리
가지마다 흐린 색 걸리고
배꽃 필 때쯤 봄비가 내리면 좋겠다

연둣빛 음표
바람에 부딪쳐
가지마다 새싹 돋아나고
배꽃 필 때쯤 봄비가 내리면 좋겠다

바람이 앉았다
꿀벌이 앉았다
기다림이 앉았다
하얗게 마춰된 배꽃 위에

수선화 오실 때

우주의 문(門)이 열려야
수선화가 웃으며 오신다
꽃빛 가슴에 안고
바람결에 발맞추며
향기를 적어 잊지 않고 오신다

자작나무 아래서
사월을 색칠하는 사이
땅강아지 꿈틀거리는 봄낮
수선화가 기어간 자리마다
노란 오솔길이 생겨난다

신록이 꽃보다 예쁘다

보슬비가 푸르게 내리면
말랑해진 기억의 두께
시간의 갈피를 넘겨 본다

젊은 셀렘이
지금도 빗줄기를 타고
부끄럽게 심장을 적신다

묵묵한 은행나무 아래서
나누던 이야기는 잎새가 되고
처음 빚은 사랑은 꽃잎이 되다

그리움에 얼룩진 그 이름
바람에 펄럭이는 5월이면
신록이 꽃보다 예쁘다

인연은 한 겹씩 피어나는 꽃송이

바람도 잠든 아침
송이송이 데리고 와
손끝으로 목련 꽃 잠을 깨운다
고운 향
가슴으로 다가와 한 아름 안긴다

햇살 총총히 떨어져
꽃자리에 들어앉은 빛깔
나비처럼 왔다 가며 시간을 덮어 낸다
다관에서 오로라 피어나듯
아련히 환생하는 하늘빛 목련꽃

그대와 나
스쳐 간 눈길마다 뽀얗다
인연은 한 겹씩 피어나는 꽃송이
하늘하늘 우러난 구름 같은 수색水色
하얀 속살 보여준 목련꽃 내 사랑이여

3부

둥근잎유홍초

그리움을 피운 능소화

그림을 그려 나가듯
연달아 피어나는 꽃잎들
햇살 앉아 쉬는 돌담길 따라
능소화 그리움을 꺾어본다
얼굴마다 핀 동그란 미소
가던 발걸음 멈춰진 능소화 곁에
붉은 기억으로 찾아온 노을
슬픔처럼 절뚝거리며 사라진다
잠자리 날개처럼
얇은 그때 그 사랑이
물결쳐 어지러운 듯
능소화 꽃잎에 앉아 버린다

담장 안 풋대추는
어제부터 연둣빛을 둥글게 굴리고 있다

꽃잎 위에 청춘을 올려 놓는다

사람들의 얼굴에서
흐릿한 꽃잎이 떨어진다

반영처럼
내면을 비추던 웃음
쓸쓸히 사라져 흐르는 저녁
홀로 걸어온 강을 짚어 보니
푸른 멍이 뭉클하게 잡힌다

어디로 가는 걸까?
어디로 흘러가는 걸까?
어두워지는 시간 속으로
점점 사라지는 검은 꽃잎들
고개를 숙여 초점을 맞춘다

색색의 거룩한 시간
꽃잎 위에 청춘을 올려놓는다

둥근잎유홍초

벗고 있는 외로움
내 마음이 닿아서
너를 좋아했다

쓸쓸해 보여도
주홍색 발걸음
고운 색 그리움이 된다

또다시
시작된 열정
눈물이 꽃으로 피었다

구겨진 바람이
꽃잎 사이로 나오는 저녁
노을이 꽃빛을 닮느라 애쓴 하루였다

보라

바람의 손짓을 알아듣는
저 우쭐거리는 잎사귀를 보라
싱그러운 얼굴빛이 신이 난 듯하다

햇살의 손길을 알아듣는
찬란한 꽃잎의 색을 보라
화사한 얼굴이 붉어져 사랑인 듯하다

달빛의 미소를 알아듣는
고요한 그림자의 발걸음 소리를 보라
설레는 사연을 들어주는 애인인 듯하다

풍경화를 그리며 찾아오는 사계절
첫 손놀림의 붓끝을 보라
한 편의 명화에 마음을 걸어 놓은 듯하다

사람이 꽃보다 향기롭다

내가
네가 되고

네가
내가 되어

돌 틈에
숨어 핀 제비꽃이 보여야

햇살 되어
사람이 꽃보다 향기롭다

사랑

點에서
시작된 線
線에서
또다시 曲線으로
휘어진 세월 속에
알알이 들어찬
잘 익은
한 송이 달콤하여라

화석이 되어 버린 꽃 입술

천지의 꽃들과
봄의 끝자락에 앉아
하루 종일
꽃 이름 부르다가
화석이 되어 버린 꽃 입술
코랄 핑크 입모양
그녀가 말을 피워 낸다
빈 몸뚱이에
다닥다닥 붙어버린
박태기 꽃 입술

나비가 날아와 앉아 버린다

색동 그림

색동 그림처럼
알록달록한 기억의 조각들
검정 고무신을 신고
그 속으로 들어가
여섯 살 꼬마가 되어 본다

큰오빠가 태워 주는
썰매를 타면
작은오빠는
군밤을 구워 내 손에 쥐어 준다
볏짚 세워진 빈 논에서
아이들의 함성이 서산으로 저물어 간다

허기 섞인 찬바람
어슴푸레한 저녁 햇살 사이로
앞집 굴뚝에서
참나무 연기가 피어 오르면
연실 연실 지나가는 바람이
이웃집 굴뚝으로 연기를 옮겨 준다

엄마의 음성이 먹구름처럼

포근포근 굴뚝으로 새어나올 때
멀리 보이는 우리 집 외양간에서
여물 여물 되새김질이
연기를 타고 누렇게 들려 온다

색

바다색
태양빛 내려앉은
그 푸른 산란의 고통

장미색
태양빛 내려앉은
그 붉은 애무의 고통

풀잎색
태양빛 내려앉은
그 초록 그리움의 고통

온세상을 덮은
자연의 살갗으로
숨을 쉬는 색

날마다 색을 먹는다
쌓이는 고통의 두께
길어진 시간의 골다공증

窓 · 1

가슴에 네모난 창문을 달았다
멀리 수락산이 손짓을 하면
산 밑에서
뽀얀 보리밭이 아이처럼 걸어온다
아 그리운 고향길
산비둘기가 구구구 울 때면
꽃다지가 흔들리고
냉이꽃에 찍히던 봄 발자국
비릿한 진달래꽃
그리운 얼굴

바람이 가슴 속으로 들어오려는지
스멀스멀 간지럽다

窓 · 2

하늘만 보인다
별, 달 그리고 허공

하얀 마스크를 적시며
코로나 江이 퍼렇게 흘러간다

팔을 벌려
초승달을 잡고
그 위에 누웠다

하늘을 어루만지고
매끄러운 달빛을 긁어
온몸에 발라본다

안 아프다
하늘만 보인다

窓 · 3

창문을 열었다
저녁 코에 노을이 주렁주렁 걸렸다
손가락으로 콕 찍어 먹으니
홍시처럼 달콤하고
그 속에 어둠처럼 까만 씨앗이 들어 있다
통통하게 부풀어오른 씨앗에서
뾰족한 초승달이 슬슬 기어 나온다
어릴 적 보았던 그 달이
반갑게 되돌아온 날
얼른
창문을 닫았다

갇혀 버린 달이 커튼 속으로 숨어 버렸다

窓 · 4

창이 있는가?
들꽃이 숨쉬는
마당 보이는

창이 있는가?
저녁밥 짓는 어머니
달그락 소리 들리는

창이 있는가?
달빛 흥건히 젖는 가슴에
혼잣말 쏟아 내는

창이 있는가?
벌거벗은 속살
부끄럼 없이 비춰 줄

窓 · 5

나도
참 좋다

구름에도 창문을 달아 줬다
좋단다
바람에도 창문을 달아 줬다
좋단다
빗물에도 창문을 달아 줬다
좋단다

구름이 창을 열고 들어왔다
바람이 창을 열고 들어왔다
빗물이 창을 열고 들어왔다

참 좋다
우리

窓 · 6

4월의 창을 열었다

목련 향이 따라 들어온다
솔뫼초등학교 등교길
개나리꽃이 줄지어 학교를 따라간다
키 큰 소나무에 걸린
수락산이 구름을 데리고
창으로 들어온다
방금 내린 커피를 나눈다
몽실거리는 커피 향

가슴에 차오르는
봄

풍경 가득한
창

사계절을 차경借景한다

4부

갓 피어난 꽃잎의 체온은 따뜻하다

감나무

푸른 햇살에 손을 담그면
바람을 접은 감나무 이파리 반짝거린다

아버지보다 키가 큰 감나무
바구니가 줄을 타고 올라가면
여린 감나무 가지가 흔들흔들
가슴 조이던 엄마의 얼굴이 홍시 같다
몇 년 후 혹한으로 감나무가 베어지고
엄마는 함박꽃처럼 웃었다

웃음 박힌 감꽃도
추억 박힌 홍시도
일생을 물들인 단풍도
구불구불 곱기도 하다

후우~
종이 비행기를 날려본다

가을이 되면

강물 흐르는 하늘
두물머리 지나서
江을 옆에 끼고
양평으로 헤엄쳐간다

속 깊은 남한강
무음의 카운터테너
높고 낮은 들꽃마다
왈츠곡을 붙여 주면
풀벌레 연주로
빠르게 느리게 물드는 단풍잎
걷다가 길가에서 높게 만나는
가을 느티나무를 아주 느리게 사모한다

시선을 멀리 가까이 하면
내게로 걸어오는 아련한 풍경들
그림같은 마을 지나서
갈산공원에 도착하면
출렁거리던 노을에 물결자국이 선명하다
들국화도 꽃빛을 붉게 만들어
노을 속으로 들어오면

혼자서 아름다웠던 그 시간
울렁이던 노을빛에 눈이 부셔
그곳에서 잉태한 하얀 첫사랑

강물에 젖은 가을이 되면
황홀한 입덧이 또다시 시작된다

*두물머리: 경기도 양평군 양서면의 북한강과 남한강이 합류하는 곳
*갈산공원: 경기도 양평군 양평읍의 남한강변에 위치한 공원

갓 피어난 꽃잎의 체온은 따뜻하다

향기 다문

입술을 떼면

실핏줄 보이는

곡선의 알몸

갓 피어난 꽃잎의 체온은 따뜻하다.

겨울 햇살

눈 녹은 장독대
5살 햇살이 내려와
포근히 앉아 놀고 있으면

지나가던
참새 한 마리 날아와
짧은 햇살 톡톡톡 쪼고 있다

소곤거리는 풍경이
어린 오누이처럼
조그맣게 사랑스럽다.

나목

나뭇살이
하늘빛 창호지에 투명히 비친 날

밤이 되면서
보름달 걸터앉은 가지가 휘청거린다

빈 가지마다 열린 그리움의 무게
바람이 다가와 저울질한다

벌써부터
우듬지에 꽃바람이 춤을 추기 시작했다

내 안의 봄

늙지 않는 내 안의 봄
두꺼운 외투 속
연둣빛 살결을 감춘
사월의 투명한 얼굴이여

버드나무 물 오르는 숨소리
봄이 출렁거리면
송이송이 꽃잎 펼친
사월의 오색 소풍길이여

가득 비춰 낸 연못 안에서
어린 초록의 황홀한 스텝
바람의 볼레로 울려 퍼지는
사월의 춤사위 물결이여

님

초승달에 찔려
터져 버린 그리움
하루 또 하루

적시고 적셔
노랗게 물드는
그믐달 베갯잇

님아 님아 님아
달아 달아 달아
그리워 그리워 그리워

빗방울

자작나무 색 빗물
진한 커피 향이 흐르면
사랑의 얼룩 촉촉이 살아난다
목소리를 던진 빗방울
잎새에 닿는 음색
꽃잎에 닿는 음색
악보를 적어 가던 빗방울
개울을 지나서
강물의 노래를 불러준다
아직 부르지 못한
사랑의 노래는
심장 속 아슬아슬 매달려 눈물이 된다

사랑의 사계

달빛으로 향기를 모아
3월 꽃눈 부풀리는 날
우리는 목련꽃 피듯 만났다

비바람 지나간 6월의 오솔길
옷자락 날리는 칸나의 열정
하늘을 배경으로 붉어졌다

그리움은 강물처럼 곡선을 돌아
차가운 9월에 도착할 때
사랑의 부스러기는 식어 갔다

긴 여정의 12월 언덕
움푹 들어간 발자국 안으로
사랑의 사계절이 하얗게 쌓여 갔다

새싹

개울을 헤엄쳐
강물을 헤엄쳐
바다를 헤엄쳐
먼길 오느라 고생하셨어요
어서
나뭇가지에 앉으세요

어린 봄

저 착한 봄햇살을
누가 들판에 풀어 놓았을까
꽃다지가 바람을 불렀다
우르르 몰려온 노란 추억들
그때는 봄을 기다릴 줄 알았지
그때는 봄을 밟고 다닐줄 알았지
계절이 가져온 색깔대로
눈멀고 가슴 적실 줄 알았지
고무줄처럼 길게 늘어난 나이
당긴 줄을 놓으면
다시 유년의 언덕에서
어린 봄을 만날 수 있을까?

연두색에 노란색 섞인

외로움은
흔들리는 사랑을 마셨어라
빈 가슴에
그리움의 씨앗 하나 묻고 떠났어라
그대를 처음 만난
그 사랑 속에 서 있고 싶어라

그대 사랑 옆에
둘레둘레 정다운 감나무 심어보리라
봄 마당에
연두색에 노란색 섞인 감꽃 피우고 싶어라
햇살 핀 날
연두색에 노란색 섞인 사랑 만들고 싶어라

오월

손끝이 간질거리는 오월
새싹들이 첫 물감 짜서
오감五感 놀이를 시작했다
나뭇잎마다 걸린 연둣빛 동화童話
살짝살짝 손을 흔들며
하얀 기침 소리를 내는 자작나무
바람의 품안에서
체온을 낮추며
짧은 포옹으로 숨결을 고른다
유월로 미끄러지듯 떠나는
오월의 궁둥이가 푸르다
꽃잎보다 더 푸르다
만지작거리던 장미꽃과 화려한 이별
이제 살며시 손을 내려놓는다

자작나무 가지마다
차르르 돋아난 연초록 비늘
푸른 오월을 헤엄쳐 지나간다

찬바람 불면

아침 품에
곱게 안긴 들꽃
바람 입술에 꽂으니
붉게 흔들리는 수채화
찬바람 불면 그리운 사람 있다

이별의 기억
훑고 지나는 거리에서
그 사람 미소를 찾아
남겨진 체온을 끌어안는다
다시 또 만날 수 있을까

구름 흐르는 강물
뒷걸음으로
시간을 감아 가면
추억 위에 앉아 있을
찬바람 불면 그리운 사람 있다

칠월

지구의 $\frac{98}{100}$
초록이 되는 곳

사람들도
걸어가는 나무가 되다

2% 여백 속에
나부끼는 칠월의 꼬리를 만져보다

5부

진주빛 언어

곡선의 말

너의 말은
따뜻한 외투처럼
나의 온몸을 휘감고 있다
"사랑해"

내 젊은 기억
되감아 돌아가면
설렘에서 피어나는 말
"사랑해"

살며시 손을 잡으면
두 체온이 합쳐진
발그레한 곡선의 말
"사랑해"

내가
너의 눈동자로 들어갈 때
또 하나의 심장이 싹을 틔운다
꽃봉오리마다 옷 벗는 소리가 들려온다

나의 궁궐

어머니의 음성을 따라
좁다란 길로 들어서면
양수 가득 마중 나오는
고마운 나의 고향이 나온다

고요히 어둡고 따뜻한
심장소리 들리는 나의 궁궐
달빛 손잡고 자궁으로 돌아가
하루쯤 웅크린 몸짓으로 쉬고 싶다

독도의 걸음마

푸른 입덧으로
출렁이는 하루를 보내면
점점 불러오는 동해는
꿈틀거리는 양수를 터트린다

날마다
독도의 아들을 낳는다
날마다
독도의 딸을 낳는다

괭이갈매기는
든든한 둥지를 만들고
구절초는
따뜻한 향기로 덮어준다

파도의 음성으로
들려오는 애국가
독도는 동해의 손을 잡고
오대양 육대주로 걸음마를 시작한다

바다는

푸른 허공을 걸어온
만삭의 언어는
진통 가득 쏟아 낸
바닷속에 침묵의 알을 낳는다

눈물의 껍데기를 깨고 부화된
슬픔의 치어가 꼬물거리면
심장으로 차오르는 속울음
바다는 같은 높이로 뛰어올라 함께 울어 준다

어둠과 부딪치는 파도
하얗게 부서지는 시간 위에
연달아 피어나는 메밀꽃 몸부림
바다는 검푸른 주먹으로 첫새벽을 두드린다

바다는
바다는
어제 따 온 햇덩이를
오늘도 힘껏 밀어 올리기 시작했다

보고 싶다

짙푸른 세월의 꾸러미
너를 향한 내 마음
뽀얀 설렘으로 남아 있다

꽃잎 따라온 나비
향기를 밟고 걸어올
그 미소가 바람에 일렁인다

그리움으로 조각된 언어
보고 싶다
보고 싶다

너의 정겨운 이야기
햇살처럼 반짝거리면
떡갈나무 여린 잎들이 춤춘다

보름달

독주를 마신
강물이 출렁출렁
걷다가 쓰러지고
또다시 출렁출렁 눕는다

잠이 든 강물 위에
포근히 떠 있는
보름달을 건져 올려
밤새도록 하늘에 걸어두는 밤
손톱밑으로 달빛이 스며들어
두 손이 노랗게 물들었다

새벽 하늘은
강물에 젖어 있던
수 천개의 달빛을 모아
노르스름 말리고 있었다

섬 속에 섬

누구나
가슴에 섬을 안고
섬 속에 갇혀 살고 있다

섬 속에 섬
나는 너에게 고립되어
고독한 무인도가 되고

너는
나를 지키느라
불면증에 걸린 섬이 되었다

떨어져 있어도 연결된
너와 나
섬 속에 섬이다

소금

바다의 푸른 숨소리
차가운 슬픔은
언제나 물 젖은 색
햇볕에 말려도
사라지지 않는 골 깊은 얼룩

모래알 씹어보는 첫 끼
마셔도
삼켜도
줄어들지 않는
저 슬픔의 바다

비밀의 바다는
슬픔을 담궈 놓고
육각형의 눈물을
하얗게 말려 놓았다

푸른 슬픔의 결정체
내 인생 간을 맞추는 반짝거림이었다

언어의 윤회

낮과 밤
무수히 뿌려지는 언어들
사랑을 나르는 말들은
하늘에서 눈이 되어
흰빛으로 내려온다

겨우내
쌓여 있던 사랑의 언어들
녹으면 봄이 되고
대지에 스며든 오색의 물은
꽃으로 환생한다

향기 나는 말은
찔레꽃이 되고
라일락이 되고
꽃을 담는 꽃바구니가 된다

웃음소리

새싹 올라오듯
조금씩 조금씩 보고 싶은 그 사람

웃는 모습만
슬렁슬렁 조리질해 봅니다

금방 굵은 웃음소리 가득차면
쏟아내듯 따라서 웃습니다

그 웃음소리에
살구꽃 피어나 천지가 밝아집니다

그 웃음소리에
빙그레한 봄이 내 안에 가득합니다

이슬

꽃들은

온
세
상

슬
픔
을

받
아
먹
고

아
침
이

오
면

동글동글 이슬 방울을 굴린다

육림호의 반영

가을 숲은 오색 물이오
오색 물은 가을 숲이다

거울을 마주 보듯
호수 안으로
가득하게 들어온
하늘과 바람과 단풍의 노래

10월의 단풍나무
이파리마다 써 내려온
붉은 편지를
하늘에 걸어 놓으면
바람이 날아와 파랗게 읽어 내린다

호숫가를 따라 걸으면
늙은 은행나무는
두 손에 쥐고 있던
노릇노릇한 그리움을
수면 위에 한 줌씩 쏟아낸다

바람이 지나간

물결이 지나간
찰나
오랜 비밀을 토설하듯
육림호가 푸른 입술을 연다

데칼코마니

＊육림호: 포천시 국립 광릉수목원 내의 호수

종소리

무엇인가가
온몸을 흔들어 주어야
내 안에 고여 있던 몸짓이
종소리로 울려 퍼진다

가슴에 웅크리고 있던
언어가 기지개를 켜면
침묵을 기록한 어둠이
종소리로 깨어난다

뛰는 심장 입구에서
숱한 나날을 서성거려
꿈틀거리던 깊은 밤
종소리로 뜨거워진다

바람의 허리춤에
팔랑거리는 풍경을 달아 놓았다
웃음 끝자락에
꽃피는 종을 달아 놓았다

진주빛 언어

해상도 높은 언어
동글동글 굴려서
눈부신 구슬을 만들었다
 연인들에게는
"사랑한다"는 동그란 말을
 아이 없는 여인에게는
"엄마"라는 거룩한 말을
 눈물짓는 사람에게는
"희망"이란 아침의 말을

진주 목걸이보다
더 뽀얀 입모양이 되는
아름다운 곡선의 발음
진주빛 언어를 꿰어
보석 같은 목에 걸어줘야겠다

추억을 꺼내 놓고

오늘은
내 추억을 꺼내 놓고
햇살을 쬐어 주고 싶다

걸음마처럼 넘어졌던 첫사랑
부드러운 아픔에
분홍 이슬비를 맞춰 주고 싶다

흠뻑 젖은 이야기가
아이처럼 기어 나오다가
울음을 터트리고 보챌 수 있다

그러면 엄마처럼 다가가
안아 주고 달래 주고
엉덩이도 살짝 두드려 줘야겠다

홍시

잘 익은 가을
감나무 가지 위에
달콤한 노을을 걸어 놓았다

고향 서쪽 하늘
홍시마다 찍힌 까치 발자국
붉은 오솔길로 저녁이 넘어간다

보고 싶은 얼굴
듣고 싶은 목소리
그리움이 익어서 홍시가 된다

화려해서 슬픈 꽃

너를 보는 기쁨으로
보드라운 그리움의 매듭을 풀어
초여름 곁을 마중하였다

눈빛 부딪치는 끝에서
눈물 대신 슬픔의 비밀을
色으로 피워낼 줄 알았다
아무도 가르쳐주지 않는
본능의 체온
하늘빛 닮은 꽃잎만 그려 달고
수술과 암술은 왜 그려 넣지 못했을까?
유혹의 향기를 잃어가는
복제된 오르가슴에
휘청거리는 허화虛花의 일생
슬프게 피어나서 더 화려했다

아직도
처음처럼
사랑도 모른 체 둥글게 웃는 꽃빛이 슬프다

***오후 7시 횡단보드 앞에서 수국 한 다발을 안고 있는 그 사람을 발견했다

6부

오선지 위에서

作詞. 류일화
作曲. 홍성욱

그대 이름

날마다 그리움 되어
하루에도 수없이 불러본다
그대 이름을 곱게 곱게
시린 가슴 감싸안으며
아~사랑이 손을 흔든다
구겨진 그리움 틈 사이로
혼자 떠나는 내가 아플까봐
슬픔을 노래로 불러준다
청춘을 지나왔다는 것은
무채색으로 저물어 가는
저녁 같다 슬픈 저녁

그리움의 달

사랑은 뿌려진 눈물만큼
피어난다고 하는데
제가 보낸 그리움은
오늘 밤 받으셨나요
당신을 기다린 시간의 능선에서
아직도 찬바람이 불어요
당신의 사랑에도
그리움의 달이 뜨나요
당신의 웃음 당신의 눈짓
당신의 숨결이 스쳐도
방금 베인 상처처럼 아려오는데
아프다고 소리치는 사랑을
가슴은 그립다고 해요

날지 않는 새

새들이 저녁 속으로 날아간다
그대의 눈빛은 슬픔에 앉아
그대의 눈빛은 노을에 앉아
눈물이 서산에 물들어 간다
온몸에 돋아나는 외로운 날개
이제는 내 가슴으로 날아와
고단한 날개를 접고
영원히 영원히 날지 않는 새
사랑의 새가 되어서
내 사랑을 쪼아 봐
내 사랑을 쪼아 봐
나 그대 포옹해 줄게

님 마중

(님 마중 가는 길)
산모퉁이 돌고 돌아
초록빛 햇살 가득한 길로
연분홍 아득한 숨결로 걸어오실
꽃잎 같은 내 님이여
새벽빛 다녀간 아침
걸음걸음 님이 오시는
님 오시는 길 따라
햇살 한 줌 더 뿌려주오
보고 싶은 그리운 내 님
내 님 마중길
사랑하여 사랑하여 살빛 스쳐 간
가슴속 살구꽃 가득하여라
가득하여라 가득하여라

(님 마중 가는 길)
새벽빛 다녀간 아침
걸음걸음 님이 오시는
님 오시는 길 따라
햇살 한 줌 더 뿌려주오
보고 싶은 그리운 내 님

내 님 마중길
사랑하여 사랑하여 살빛 스쳐 간
가슴속 살구꽃 가득하여라
가득하여라 가득하여라 가득하여라

모래무지

내가 보이나요 나를 보았나요
모래 속에 숨은 내 모습을
모래알만큼 많은 사람 중에
딱 한 사람 당신을 찾았어요
당신과 맞춰가는 사랑의 퍼즐
늘 당신을 사랑하게 하는 당신
사랑해요~사랑해요~
모래 밖으로 나온 모래무지
당신의 목소리가 들려요 들려요
투명한 우리 사랑 모래무지
늘 당신을 사랑하게 하는 당신
사랑해요 ~사랑해요~

바람의 멜로디

나뭇잎이 흔들려요
바람의 멜로디가 슬퍼요
누군가 날씨 탓이라고
이야기를 해주세요
내 안에 있는 당신 사랑해요
달빛이 등불을 켜준 밤
당신 눈빛에서 별이 떨어진 밤
그날을 뜨겁게 기억해요
바람이 쓸쓸히 지나가면
사랑이 왔다고 말할게요
아파도 그리운 사랑
이별의 노래가 된 사랑
바람의 멜로디가 슬퍼요

사랑 지우기

동그란 동그란 사랑의 언어
어느 날부터 당신 목소리
볼륨을 줄였어요
당신만 당신만 사랑했는데
이제는 내 곁을 떠난다고
눈물 나지만 울지 않아요
바람 따라 흔들렸던
우리 사랑은 허수아비
피지 않는 꽃을
꽃이라 부르지 마세요
바람으로 사랑 지우기
눈물로 사랑 지우기
이제는 당신 사랑 모두 지워요
당신 사랑 모두 지워요

사랑은 사랑은

잡힐 듯 잡힐 듯 잡히지 않아
취한 듯 바라보아요
그리움은 바람
바람속으로 숨어
님의 옷자락을 흔들어요
사랑은 사랑은 향기 속에 숨어
빙그레한 꽃잎을 흔들어요
우-우- 사랑의 기억을 토해 내는
둥근잎유홍초 붉은 꽃잎에서
초저녁 별이 떨어져요
눈물이 떨어져요
심장을 지나는 향기가
향기가 날아가요

사랑은 가슴앓이

사랑이 내려앉은 그 많은 시간들
겹겹이 쌓인 그리움과 미움
당신 떠난 후 알게 되었죠
사랑은 가슴앓이였음을
루루루 루루루 눈물이 알아요
루루루 루루루 세월이 알아요
그렇게 그렇게 시간이 흘러 흘러
꽃잎도 없이 향기도 없이
피었다 지는 인생 꽃
무소의 뿔처럼 혼자서 가라
그렇게 혼자서 가라

사랑이 내려 앉은 그 많은 시간들
겹겹이 쌓인 그리움과 미움
당신 떠난 후 알게 되었죠
당신은 사랑이였음을
루루루 루루루 눈물이 알아요
루루루 루루루 세월이 알아요
그렇게 그렇게 시간이 흘러 흘러
꽃잎도 없이 향기도 없이
피었다 지는 인생 꽃

무소의 뿔처럼 혼자서 가라
그렇게 혼자서 가라

사랑의 계절

홀로 남은 카페에서
음악이 끝나기 전에
커피가 식기 전에
사랑을 닫는다
추억의 문을 닫는다
오래된 이별이 떠올라
눈시울을 적신다
낙엽들이 떠날 뿐인데
모든 것들이 떠나는 것처럼
몰래 흐느껴본다
왜 가을에 이별했을까
왜 가을에 이별을 했을까
가을이 가고 나면 다시 겨울
그 봄까지 사랑을 미뤄 둘까
사랑의 계절은 어디 있을까

사랑의 술

사랑이 어디서 왔다가
어디로 가는지 모릅니다
죽는 날까지
누군가 보고 싶다는 당신 가슴
익어가는 밀밭입니다
술 중에 제일 독한 술
사랑의 술 익어갑니다
당신에게 시간이 흐르면
가슴에 차오르는 통증
아픔과 아픔이 익는다고
익는다고 외쳐대는 몸부림
모른 체 할 수 없어 사랑입니다
사랑입니다

오선지 위에서

당신과 나의 사랑은
파도에 밀려와 다다른
환상의 섬인가요
영혼의 심장인가요
온몸을 감싸는 당신의 여운
사랑은 비바체 비바체
당신의 낮은 눈빛에 맞춰
사랑은 안단테 안단테
딩신과 나의 사랑은
오선지 위에 그려진 그대로
달세뇨 알라 피네
달세뇨 알라 피네

초사흘 밤

그대가 이리도 그리운걸
그대는 아시나요
발걸음 소리
아스라이 길을 떠나면
어둠을 밝히는 달빛이
먼 길을 마중하네요
바람에 흔들리는 사랑이
등불처럼 애처로운 초사흘 밤
빈 가지에 앉은 초승달
곤히 잠들었나 봐요
그대 손길이 그리운걸
달빛은 아시는지요

하얀 눈물꽃

사랑의 꼬리를 자르고
미련 없이 떠났습니다
눈이 있어도 귀가 있어도
이젠 볼 수도 없고 들을 수도 없는
그리운 당신입니다
웃는 척 아닌 척하지만
웃음은 눈물이 되어
이별에 매달린 하얀 눈물꽃
당신이 보낸 이별 메시지
사랑한단 말 가득합니다
이별 뒤에 쓰여진 사랑
이제 그만 그 사랑을
눈물로 하얗게 삭제를 합니다

화인 火印

당신이 내 곁을 떠나던 날
세상의 모든 길은
안개로 지워졌어요
미워서 미워서 당신이 미워서
허공에 당신 이름 던졌어요
안개가 걷혀도 당신은 오지 않고
사랑의 언덕을 넘던 기억만
기억만 남았어요
당신의 흔적 화인이 되어
내 운명에 찍혀있어요

◆ 해설

생태주의 담론에 시의 형식미학을 녹여낸 꽃들의 잔치
― 류일화 시집 『한 송이 꽃잎이었다』를 중심으로 ―

정연수
(시인, 문학박사)

　인디언 체로키족인 '구르는 천둥'은 "문명인들은 자신들의 마음에 들지 않는 식물을 잡초라 부르는데, 세상에 잡초라는 것은 없다"라면서 "모든 풀은 존중되어야 할 목적을 갖고 있으며, 쓸모없는 풀이란 존재하지 않는다"라고 충고했다. 세상을 어떻게 바라보는지 간명하게 보여주는 시각이다. 현대에 와서 생태주의 담론이 등장하고, 평등을 중시하는 인권문제까지 법제화하는 추세이다. 구르는 천둥은 생태주의니, 평등 인권이니 하는 것이 없어도 그 사상을 몸에 새기고 있었다. 꽃과 잡초, 유익한 식물과 잡초, 인간과 잡초를 구분하지 않는 인디언의 사유방식을 보면, 생태주의 사유 하나만으로도 평등과 인권을 실현할 수 있다는 것을 알 수 있다. 꽃과 잡초를 구분하지 않는

다면 잘난 인간과 못난 인간을 가르면서 차별하지 않아도 되는 것이다.

생태주의(Ecoism) 담론은 자연의 모든 존재는 평등한 권리와 가치를 지닌다는 의미 외에도, 모든 생명체가 평등하게 살고 있는가에 대한 우리의 성찰을 담고 있다. 최근의 생태주의는 생명체뿐만 아니라 무생명체인 흙·돌·공기 등으로 시선을 넓혀가고 있다.

생태주의의 선구자로는 『월든』을 쓴 소로우(1817~1862)를 꼽는다. 소로우는 하버드 대학을 졸업하고도 부와 명성을 뒤로하고 목수일 같은 노동으로 생계를 유지했다. 특히 월든 호숫가의 숲속에 들어가 직접 통나무 집을 짓고 생활한 기록인 『월든』을 남길 정도로 자연사상을 몸으로 실천했다. 대다수 사람이 주목하지 못하거나 별것 아닌 것으로 치부하는 자연과 동식물에 대한 장면들을 애정 어린 시선으로 기록했다. 이러한 소로우의 생태주의 사상은 인도의 성자 마하트마 간디, 미국의 인권운동가 마틴 루터 킹 같은 위인들에게 커다란 영향을 줬다. 우리나라의 법정 스님도 『월든』 책을 평생 곁에 두었을 정도로 큰 영향을 받았다. 법정 스님의 무소유 사상은 소로우의 『월든』이 보여준 청빈함을 기초로 한다.

류일화 시인의 시집 『한 송이 꽃잎이었다』 역시 구르는 천둥이나 소로우가 지향한 생태주의 사유를 가득 담고 있다. 생태주의 사유를 시로 이만큼 섬세하게 풀어낸 시집이 또 있을까 하는 마음으로 시를 읽었다. 시집 제목에서 '꽃잎이었다'라고 고백할 정도로 시편마다 꽃들의 잔치가 성대하게 펼쳐졌다. "살아가면서/가장 윤기 나는 시간들/얼굴을 닮은 향기/꽃잎 아닌 적 없었다"(「한 송이 꽃잎이었다」)라는 고백이라든가, "향기 나는 말은/찔레꽃이 되고/라일락이 되고/꽃을 담는 꽃바구니가 된다"(「언어의 윤회」)라는 시구에서는 꽃의 향기가 진하다. 향기가 있는 시간, 향기가 있는 말, 향기가 있는 얼굴을 향한 대사회적 메시지를 꽃바구니에 담아서 건넨 것이다.

"꽃잎을 흔들어/꽃이 되는 말/봄날이야"(「꽃이 되는 말」)라든가, "꽃잎 한 잔/심장에 닿으면/그리움을 피운 한 송이 꽃이 됩니다"(「꽃차」)라는 표현은 얼마나 아름다운가. 시가 문학의 꽃이라고 칭송받고, 시인이 문인 중에서도 으뜸으로 꼽히는 것은 이처럼 감성적이면서도 함축된 언어를 구사할 때 가능한 일이다.

미학을 제일철학으로 내세운 그레이엄 하먼은 『예술과 객체』에서 예술의 적은 직서주의(literalism)라고 말한 바 있다. "감춰진 실재적 객체와 그것의 또렷한 감각적 성질 사이에 명시적인 긴장 상태"가 갖춰질 때 미학이 있는 예술작품이 될 수 있다는 것이다. 그와 더불어 러시아 형식주의자 쉬클로프스키의 '낯설게 하기' 같은 긴장의 미학이 주는 시구를 류일화 시인의 시에서도 만날 수 있다. "하늘벽에 못을 박아/뚝 뚝 뚝 떨어지는/붉은 사랑"(「동백꽃」)이라든가, "풀빛 짙어지는 봄날에/윤회를 풀어내는 꽃"(「비비추꽃」) 같은 구절이 이에 해당한다. '하늘에 못을 박다' 자체에도 '하늘+못'의 긴장감이 주어지는데, 이어서 '뚝뚝 떨어지는 붉은 사랑'으로 긴장의 폭은 더 커진다. 또 '봄날+윤회'를 풀어내는 비비추꽃의 긴장 미학 역시 같은 개념이다. '계절(봄)-식물(꽃)'의 순환성을 생명의 윤회로 확장하여 종교 혹은 철학의 경지로 나아간다. 생태주의 담론 같은 의식 있는 내용을 품으면서도 시적 예술이라는 형식미학을 놓지 않는 류 시인의 창작 태도를 엿볼 수 있다.

빛
벗은
알몸
하현달
고스란히
꽃잎 속으로
들어가는 걸
나는 보았어라

오늘 밤 노랗게 흔들리는 신음
-「달맞이꽃」 전문

꽃들은

온
세
상

슬
프
음
을

받
아
먹
고

아
침
이

오
면

    동글동글 이슬방울을 굴린다
                         -「이슬」 전문

  예술의 형식미를 고뇌하는 창작 태도를 잘 보여주는 시로는 위에 인용한 「달맞이꽃」과 「이슬」을 꼽을 수 있다. 언어에 대한 실험이자 기존의 시적 형식문법을 파괴하는 실험 정신이다. 류일화 시인은 시의 내용과 형식 두 측면을 모두 고려하며 창작하고 있다는 뜻이기도 하다. 「달맞이꽃」은 '빛-알몸-하현달-신음'의 어휘가 노란색의 색채 이미지와 달맞이꽃이라는 형상 이미지를 만들어낸다. 그동안 달맞이꽃을 이만큼 관능

적으로 그려낸 시도 없었을 것이다.

「이슬」은 이슬이 내리는 장면을 시각적으로 전달하기 위해 글자 하나를 독립 행으로 배치하여 떨어지는 장면을 그리고 있다. 시의 심상 이미지만이 그림이 아니라, 시의 형식 자체로 그림이 될 수 있다는 것을 보여준 실험작이다. '슬픔'이라는 비극적 정서는 '꽃이 받아먹은 슬픔'을 통해 아침이면 "동글동글 이슬방울" 굴리는 긍정적 정서로 치환된다. 이슬을 먹는 꽃을 '슬픔을 먹는 꽃'으로 치환하는 힘은 식물적 상상력이 주는 긍정의 태도에서 비롯한다.

> 그대와 나
> 스쳐 간 눈길마다 뽀얗다
> 인연은 한 겹씩 피어나는 꽃송이
> 하늘하늘 우러난 구름 같은 수색水色
> 하얀 속살 보여준 목련꽃 내 사랑이여
> —「인연은 한 겹씩 피어나는 꽃송이」 부분

> 사람들의 입에서
> 불긋불긋 향기가 난다
> 꽃잎이 들어가
> 그림처럼 살고 있기 때문이다
> 꽃 같은 말을 할 때마다
> 아름다운 말꽃이
> 색으로 피어서
> 입술에 앉아 있기 때문이다
> —「말꽃」 부분

    목련향이 따라들어온다
    솔뫼초등학교 등교길
    개나리꽃이 줄지어 학교를 따라간다
    키 큰 소나무에 걸린
    수락산이 구름을 데리고
    창으로 들어온다

-「窓 · 6」 부분

「인연은 한 겹씩 피어나는 꽃송이」에서는 '인연–꽃송이', '그대와 나–목련꽃'으로 상호 교섭을 벌인다. 꽃과 사람이 구별 없이 일체화하는 세계를 이룬다. 「말꽃」에서는 '사람의 입–꽃 향기', '꽃 같은 말–말꽃 개화'가 상호작용을 한다. 제비꽃을 뜻하는 말꽃은 '꽃같은 말'과 동의어를 이루면서 언어 유희적 측면도 지녔다. 「窓 · 6」에서는 '등교하는 초등학생–개나리꽃'이 동일체를 이룬다. 이처럼 류일화 시인의 시에서는 사람과 식물이 구별되지 않고, 사람의 삶과 식물이 구별되지 않는다. 경계를 무너뜨리면서 사람과 꽃이 동일성을 이루는 세계는 생태주의의 완성이자, 인간이 자연으로 환원되는 가장 아름다운 순간이다. "우리는 목련꽃 피듯 만났다"(「사랑의 사계」)라든가, "사람들도/걸어가는 나무가 되다"(「칠월」)라는 시구들에서 보듯, 류일화 시인의 시에서는 자연스럽게 사람과 식물을 동일화한다. 사람과 식물(꽃)을 애써 구분하려 들지 않는다. 하여, 애써 생태주의 담론을 들먹이며 식물을 향한 온정주의를 펼칠 필요도 없는 것이다.

사람들의

미소가 보고 싶은 날

꽃들은

오색의 눈을 뜬다
－「개화」 전문

향기 다문

입술을 떼면

실핏줄 보이는

곡선의 알몸

갓 피어난 꽃잎의 체온은 따뜻하다.
－「갓 피어난 꽃잎의 체온은 따뜻하다」 전문

내가
네가 되고

네가
내가 되어

돌 틈에
숨어 핀 제비꽃이 보여야

햇살 되어
사람이 꽃보다 향기롭다
　　　　　－「사람이 꽃보다 향기롭다」 전문

　위에 인용한 시편에서 확인하듯, 류일화 시인의 시는 시상이 맑고 따뜻하다. 류 시인의 시는 리듬을 중시하면서도 간결한 특징을 보인다. "봄바람 손짓에/자존심도 없이 벌써부터/민들민들 웃고 있습니다"(「민들레」)에서처럼, '민들민들 웃는다'의 리듬과 민들레의 꽃이름이 조화를 이루면서 리듬을 강화한다. 「개화」에서는 사람의 미소가 보고 싶어 꽃이 핀다고 보았는데, 이는 사람의 미소와 꽃을 연계하여 환한 긍정의 세상을 지향하는 시의식에서 기인한다. "꽃잎의 체온은 따뜻하다"(「갓 피어난 꽃잎의 체온은 따뜻하다」)라는 구절처럼 긍정의 세계는 따뜻한 온기를 지녔다. 제비꽃을 통해 형상화한 "내가/네가 되고//네가/내가 되어"에서는 자아와 타자를 해체하여 서로를 구분하지 않는다. 이는 잡초와 꽃을 구분하지 않고, 식물과 인간을 구분하지 않는 정신과 맥락을 같이한다.

　하늘빛 새어들어온/수수단 속으로 바라본/설레는 시간에/노란 마타리꽃(「마타리꽃」)

　바람 지나간 자리마다/스르륵 스르륵 그리움이 열리듯/싸리꽃이 피고 있다(「싸리꽃」)

반짝거리는 마음 띄우면/강물 위 찰랑거리는 청춘/눈부신 향기 윤슬 꽃/아침으로 흘러가고 있다(「윤슬 꽃」)

추억이 아름다운 사람은/진달래꽃 피어나듯 풍경이 되고/누군가에게 기억되는 사람은/한 송이 꽃으로 피어난다(「진달래꽃」)

살며시 다가가면/노란 떨림//열두 번/내 맘을 흔들어 놓는다(「쪽빛 달개비꽃」)

사랑한다는 말이 피기 전에/하얗게 찔린 가슴이 파르르 흔들립니다(「찔레꽃」)

시간 속에 저장된 풍경들/손가락으로 톡톡톡 누르면/나비보다 눈빛이 먼저 앉아 버린다(「개나리」)

거센 외로움에/바람 안은 개쑥부쟁이(「개쑥부쟁이」)

많이 좋아한다/봄바람에 춤추는 저 살구꽃(「살구꽃」)

민들레는/홀로 피지 않는다//외로운 사람들이/숨쉬는 꽃을/가슴에 달기 시작했다(「숨쉬는 꽃」)

엄마의 행복이 감자보다 더 맛있다(「감자꽃」)

  인용한 시구들처럼 류일화 시인의 삶은 온통 꽃으로 은유되고 상징된다. 꽃은 삶을 회상하는 기제이자, 성리하고 정의하는 도구이다. 사랑의 떨림은 찔레꽃이 되고, 떨리는 마음은 달개비꽃이 되고, 설레는 시간은 마타리꽃이 되고, 추억은 진달래꽃이 되고, 청춘은 윤슬 꽃이 되고, 그리움은 싸리꽃이 되고, 고백하는 시간은 살구꽃이 된다. 지나간 삶에 대한 저장은 개나리꽃이 되고, 외로움은 개쑥부쟁이가 되고, 엄마에 대한 그리움은 감자꽃이 되고, 더불어 사는 공동체 사회는 민들레가 된다. 이처럼 삶의 모든 자리를 꽃으로 엮어낸다. "늘 반복되는 꽃잎 같은 후회"(「꽃잎 같은 후회」)처럼, 살면서 도리질 치는 후회마저도 꽃밭으로 가꾼다.

  살면서 왜 상처받고 아픈 일이 없겠는가. "찬바람 불면 그리운 사람"(「찬바람 불면」)도 있었지만, 아픔마저도 꽃으로 보려는 긍정의 힘이 있기에 세상을 따뜻하게 받아들일 수 있는 것이다. "우리 모두가 걷던 무성한 갈래길/오늘은/발걸음이 소풍을 가는 꽃길"(「발걸음이 소풍을 가는 꽃길이다」)에서처럼 갈등과 고뇌의 길인 갈림길을 소풍 길로 만드는 긍정의 자세가 있을 때 삶의 모든 길이 '꽃길'이 되는 것이다. "화려한 아픔은/꽃잎도 없는 파도꽃을 피웠다//날마다 출렁거렸다/가슴까지 차오르는 바다/고래가 나를 키우며 살고 있었다"(「파도꽃」)라는 시구를 기억하자. 류일화 시인의 시집을 품으면서, 아픔조차 파도꽃으로 피우는 긍정의 세계를 향해 헤엄치는 고래 한 마리 품어보자.

순수시선 656

한송이 꽃잎이 열리다

류일화 지음

2022. 11. 5. 초판
2022. 11. 10. 발행

발행처 · 순수문학사
출판주간 · 朴永河
등 록 제2-1572호

서울 중구 퇴계로48길 11, 협성BD 202호
TEL (02) 2277-6637~8
FAX (02) 2279-7995
E-mail ; seonsookr@hanmail.net

· 저자와의 합의하에 인지를 생략함
· 잘못된 책은 바꾸어 드립니다

ISBN 979-11-91153-40-8

가격 10,000원